PANÉGYRIQUE

DE

SAINT VINCENT DE PAUL

PRONONCÉ

DANS LA CATHÉDRALE DE BAYONNE

LE 19 JUILLET 1855

PAR L'ABBÉ CHARLES-FÉLIX **GODARD**

Du Diocèse d'Aire,

Approuvé par Monseigneur l'Évêque d'Aire.

—

Charitas fraternitatis maneat in vobis.
Hebr. XIII, 1.
Que la charité envers vos frères reste
toujours en vous !

—

PRIX : 75 cent.

—

BAYONNE,

A. ANDREOSSY, Libraire-Éditeur, rue Pont-Mayou, 12.

Bayonne, Imprimerie et Lithographie de P. LESPÉS.

PANÉGYRIQUE

DE SAINT VINCENT DE PAUL.

Bayonne, Imprimerie et Lithographie de P. Lespés.

PANÉGYRIQUE

DE

SAINT VINCENT DE PAUL

PRONONCÉ

DANS LA CATHÉDRALE DE BAYONNE

LE 19 JUILLET 1855

PAR L'ABBÉ CHARLES-FÉLIX **GODARD**

Du Diocèse d'Aire,

Approuvé par Monseigneur l'Évêque d'Aire.

———

Charitas fraternitatis maneat in vobis.
Hebr. XIII, 1.
Que la charité envers vos frères reste
toujours en vous !

BAYONNE,

A. ANDREOSSY, Libraire-Éditeur, rue Pont-Mayou, 12.
1855

FRANÇOIS - ADELAÏDE - ADOLPHE LANNÉLUC, par la Miséricorde Divine et la Grâce du Saint-Siége Apostolique, Évêque d'Aire,

Nous avons fait examiner le présent manuscrit; et, sur le rapport qui nous en a été fait, nous autorisons l'impression de ce Panégyrique de St.- Vincent de Paul, dont la lecture fera connaître de plus en plus ce héros de la Charité et ses œuvres admirables.

Donné à Aire, en Notre Palais Épiscopal, le 10 août 1855.

† FS. AD. AD. ÉV. D'AIRE.

Par Monseigneur :

A. DULIN, CH. SECR.-GÉN.

DÉDICACE

AUX

LAZARISTES, AUX FILLES DE LA CHARITÉ

ET AUX

CONFÉRENCES DE SAINT VINCENT DE PAUL,

EN FRANCE ET A L'ÉTRANGER.

———

La sagesse antique a proclamé cet oracle : *Verba volant, scripta manent.* Les paroles s'envolent, les écrits restent. J'ai dit, l'autre jour, quelques paroles de louange et d'édification sur le Saint bien-aimé, qui est à la fois votre Père et votre Patron. Pourquoi les laisserais-je emporter par le vent qui passe et aller s'évanouir sans écho, dans le silence de l'oubli? Je ne les ai fait jaillir de mon cœur et de mes lèvres que pour faire quelque bien; et c'est pour faire

1.

quelque bien encore que je consens à les arrêter au passage et à leur continuer un peu de mouvement et de vie, au moyen de cet art merveilleux, qui donne à tout ce qu'il touche des ailes infatigables et une espèce d'immortalité.

Mais vers qui dirigerais-je ces paroles, si ce n'est vers vous qui êtes les Enfants de Saint Vincent de Paul? Plus heureux que la plupart d'entre vous, j'habite près du berceau de ce glorieux héros de la Charité Chrétienne. Je vous les jette donc des lieux même, où il vit le jour et où s'écoula son enfance. Puissent-elles vous arriver, à travers le temps et l'espace, tout imprégnées des brises de la terre natale et tout embaumées des parfums de la patrie !

Mais c'eût été bien peu que mon désir d'être utile à vos âmes, si la main qui bénit, n'eût consacré mon œuvre. Cette consécration, tombée de la plume et du cœur de mon chef hiérarchique, m'est venue comme un suprême bonheur. Aussi votre charité, en lisant ce panégyrique, revêtu de l'approbation d'un Pontife, aussi pieux qu'éclairé, pourra-t-elle y puiser avec une nouvelle confiance, une nouvelle bénédiction.

PANÉGYRIQUE

DE SAINT VINCENT DE PAUL.

Tua autem Providentia gubernat.
Sap. 14, 3.
Votre Providence gouverne.

Oui, mes Frères, la Providence de Dieu gouverne le monde. Et si, à certains moments, il semble qu'elle s'est endormie, parce que dans le ciel il y a un grand silence, et que sur la terre il y a un désordre apparent dans le cours des choses humaines, il n'en est pas moins vrai qu'elle veille au salut de l'humanité. Il est écrit : Dieu a fait les nations guérissables, *sanabiles fecit nationes. Sap.* 1, 14. Aussi, quels que soient les erreurs et les crimes des peuples, Dieu ne se hâte pas de les abandonner tout-à-fait ; il attend ! Il attend, avec la patience d'un amour infini, qu'ils consentent enfin à se laisser sauver. *Patienter agit propter vos, nolens aliquos perire, sed omnes ad pœnitentiam reverti.* 2, *Petr.* 5, 9. Et il faut qu'une nation, prise d'un irrémédiable vertige, s'obstine à se suicider, pour que l'amour infatigable de Dieu soit impuissant à la faire vivre ; et alors même, ce n'est qu'en pleurant qu'il jette sur sa ruine volontaire un long et triste regard. *Videns civitatem flevit super illam. Luc.* 19, 1. Jusqu'à cette heure fatale, il s'épuise en ruses ingénieuses pour ramener, comme malgré lui, ce grand Enfant Prodigue.

Mais si Dieu est plein de tant de longanimité envers les nations en général, comment ne le serait-il pas en particulier envers la nation française? Car n'est-ce pas un fait, que la France, depuis quatorze cents ans, si elle a eu comme tous les autres peuples, ses heures néfastes d'égarement et d'impiété, où elle a forfait à la Religion, a eu plus que toutes les autres nations ses heures bénies et glorieuses de bon sens, de loyauté et de foi, où elle a défendu victorieusement Jésus-Christ et son Église? C'est un fait tellement incontestable, que la France a été appelée par un des Papes les plus célèbres : Le Royaume très-chrétien ! La Patrie des fils aînés de l'Église ! Aussi est-ce sur la France, plus que sur aucun autre portion de l'Humanité, que Dieu s'est plu a répandre les flots de sa miséricorde intarissable. *Non fecit taliter omni nationi.* Et, pour l'épanchement de cette miséricorde, Dieu n'a jamais manqué de préparer quelque âme extraordinaire, destinée à en être le canal merveilleux.

Or cette âme a été presque toujours l'âme d'un prêtre, parce que le sacerdoce, mettant le prêtre perpétuellement en contact avec Dieu, la rend plus souple et plus docile à son action, et dès lors plus propre à l'accomplissement des idées et des volontés divines. *Suscitabo mihi sacerdotem fidelem, qui juxtà cor meum et animam meam faciet.* 1 *Reg.* 2, 35. Vous citerai-je le nom de tous ces prêtres, choisis par la Providence, dans le sein même de la France ou dans les pays étrangers, pour sauver, dans ses plus grands périls, cette nation privilégiée? Ne suffit-il pas que j'évoque dans votre âme le pieux souvenir de saint Dominique, de saint Bernard et de saint Ignace de Loyola, pour vous rappeler ce que Dieu a daigné faire pour la France, dans le cours des siècles, par le ministère de ses prêtres d'élite?

Eh! qui, mieux que Vincent de Paul, fut un de ces élus de la Providence? Oui, Vincent de Paul ne fut-il pas un de ces hommes, particulièrement choisis de Dieu, pour recevoir dans sa grande âme, l'effusion de la charité céleste et la déverser ensuite sur les hommes de son temps et des temps à venir? En un mot, Vincent de Paul ne fut-il pas le bienfaiteur providentiel de son siècle par ses œuvres de charité personnelle, et des siècles postérieurs, par ses Institutions religieuses?

Tel est le point de vue unique sous lequel je puisse envisager Vincent de Paul. Non, quand la Providence a mis la main sur un homme, quand elle en a fait son représentant auprès de ses contemporains et de la postérité, il n'est pas permis à qui que ce soit de le défigurer, en le mutilant!

Vincent de Paul donc, bienfaiteur providentiel du siècle de Louis XIV, de ce siècle illustre, que l'Europe et le monde ont baptisé du nom de *Grand*, parce que tant de grands hommes dans la Religion, dans les sciences, dans les lettres et dans les arts, s'y étaient rencontrés à la même heure et sous le même point du ciel, Vincent de Paul les dominant tous par son génie distinctif, le génie de la charité, quelle figure à part! Eh! c'est cette figure incomparable que je dois mettre en relief en ce moment et faire poser devant vos regards.

Je l'avoue sans détour, profondément convaincu de mon impuissance, je devrais regretter d'avoir accepté une mission si fort au-dessus de ma faiblesse.

Mais j'espère que Vincent de Paul, considérant plutôt les intentions de mon cœur que les défaillances de mon esprit, me pardonnera la manière bien imparfaite, dont je vais parler de lui. Et même, pour que dans l'insuffisance de son éloge, ne manquent ni la gloire de Dieu ni l'édification des âmes, je ne doute pas que, par sa puissante intercession, il n'attire sur la stérilité de mes paroles des grâces fécondes de lumière et d'onction.

« Oui, bienheureux Vincent de Paul, combien
» de fois, dans mes pèlerinages, je me suis agenouillé
» à la porte de la trop modeste chapelle qui s'éle-
» vait humblement, près de la chaumière où reposa
» votre berceau, et que la reconnaissance tardive des
» peuples remplace aujourd'hui par un monument
» plus digne d'elle et de vous ! Combien de fois en
» passant j'ai salué avec respect ce chêne séculaire,
» à l'ombre duquel s'abritèrent l'innocence et la joie
» de vos premiers jours !

» En récompense de ces hommages de ma piété,
» hélas ! bien insuffisante, je vous en conjure, ô
» bienheureux Vincent de Paul, demandez pour
» moi à Notre-Seigneur Jésus-Christ que je ne tra-
» hisse pas dans cette instruction la cause de la
» gloire de Dieu et du salut des âmes ! Mais qu'au
» contraire, en m'entendant raconter, quoique bien
» imparfaitement, les merveilles inénarrables de
» votre existence, ce peuple bien-aimé se sente
» animé du désir de mieux servir Dieu et de mieux
» aimer son prochain. »

Vincent de Paul a été le bienfaiteur providentiel de cette précieuse portion de l'Humanité qui s'appelle la France, et par la France de l'Humanité tout entière, au sein de laquelle la France marche au premier rang, à tel point que, lorsque la France remue, le monde d'un bout à l'autre tressaille et est en mouvement.

Or l'Humanité, considérée dans son ensemble, ne se compose-t-elle pas d'âmes et de corps? Oui, les âmes et les corps ne sont-ils pas ses éléments constitutifs, depuis que Dieu, voulant établir entre les divers êtres de la Création une hiérarchie complète, appela à la vie l'homme, à la fois esprit et matière, pour être le point de jonction merveilleux des purs esprits et des êtres matériels?

Envisageant donc Vincent de Paul comme le bienfaiteur providentiel de l'Humanité, il est tout simple que j'examine successivement le bien que Vincent de Paul a fait aux âmes et le bien qu'il a fait aux corps.

Et ne soyez pas étonnés, mes frères, que je commence par les âmes puisqu'elles sont les premières, sinon dans l'ordre de la Création, du moins par leur excellence et leur dignité!

Qu'a donc fait Vincent de Paul pour les âmes?

I.

Vincent de Paul a été le contemporain de deux siècles; il a vécu pendant les dernières années du seizième siècle et pendant plus de la moitié du dix-septième.

A cette époque les âmes de France étaient dans un état de crise violente.

On a beau faire, il n'y a qu'une chose, une seule,

qui puisse donner aux âmes la paix et les joies du bonheur ; c'est avant tout la vérité et la vertu, dans l'ordre religieux. Ces âmes, filles de Dieu, créées à son image et à sa ressemblance, ne se reposent qu'en lui, qui est la vérité et la perfection par essence. Aussi ce double élément de leur félicité vient-il à leur manquer? Regardez-les ; elles sont dans l'angoisse, elles souffrent. *Fecisti nos ad te, Domine, et irrequietum est cor nostrum, donec requiescat in te.* S. Aug.

Or les âmes en étaient là, à l'époque de Vincent de Paul ; elles se débattaient contre les attaques déjà anciennes du Protestantisme et contre les attaques encore récentes du Jansénisme naissant. Quoique d'une manière différente, elles étaient poussées par ces deux hérésies au même abîme, c'est-à-dire à l'abandon plus ou moins total de la Religion Catholique : la première de ces deux hérésies, s'adressant à la partie faible et molle de notre nature, faisait tomber les âmes dans un relâchement excessif, tandis que la seconde, sous le spécieux prétexte de réveiller en nous tout ce qu'il y a de saint dévouement et de pieux héroïsme, rendait impossible, à force de sévérité, la pratique du Christianisme. Oui, sous l'influence énervante des principes trop commodes des Protestants, et sous le froid glacial du rigorisme outré des Jansénistes, les âmes sentaient chanceler en elles leur antique foi, elles sentaient s'éteindre leur antique piété ; et ainsi déshéritées de la Religion Catholique, de l'antique religion de la France, elles n'allaient avoir à communiquer aux âmes, qui viendraient après elles, que leur indifférence et leur impiété.

Mais non ; l'Homme de la Providence qui sauve les peuples du naufrage de leur Religion, l'Homme de la Providence paraît. Vincent de Paul est là : fidèle à sa mission extraordinaire et divine, il saura conserver aux âmes de son siècle et des siècles postérieurs le précieux Héritage de la Religion des Ancêtres.

Guillaume de Paul et Bertrande de Moras, dont il naquit, le 24 avril 1576, à Ranquines, dans la paroisse de Pouy, étaient fort peu accommodés des biens de ce monde; mais en revanche ils étaient riches des biens du ciel; ils étaient riches en grâce et en vertu. Et si, au lieu d'environner l'enfance de Vincent de Paul des douceurs de l'opulence, ils mirent dans sa main une houlette de berger, pour veiller à la garde des troupeaux, ils versèrent du moins à flots dans sa jeune âme les trésors de leur foi vive et de leur piété ardente.

Et, pour que le jeune Vincent de Paul sût mieux correspondre à ces heureuses influences de la Religion héréditaire, la Providence lui ménagea ce qui a toujours été la patrie des grandes âmes, je veux dire le calme et le silence de la solitude. Oui, au milieu de l'immensité des Landes, en face de ces horizons sans limites, petit pâtre, comme jadis Moïse, comme jadis David, il n'avait qu'à laisser son esprit, déjà ému par le contact de la piété paternelle, s'élever instinctivement vers Dieu, et Dieu s'abaissait amoureusement vers lui et le pénétrait de sa grâce.

Or la grâce divine, quand elle s'infiltre dans un corps virginal, n'y reste pas ensevelie comme dans un tombeau; elle transpire au dehors et se reflète surtout sur le visage, comme dans un miroir vivant. Aussi cette grâce, dont l'âme du jeune Vincent s'imprégnait dans ces entretiens intimes avec Dieu, fit-elle rayonner dans tout son être je ne sais quel éclat d'intelligence et de sainteté.

Guillaume de Paul, avec cette perspicacité particulière dont est doué l'œil pur d'un père chrétien, lorsqu'il se pose avec tendresse sur son fils bien-aimé, ne tarda pas à s'apercevoir de ce rayonnement mystérieux. Il comprit qu'un enfant, que Dieu avait doté de si belles qualités, devait être destiné à quelque autre emploi qu'à celui de conduire des animaux dénués de raison. Mais que faire? Il n'a pas de quoi élever son fils pour le préparer de loin à exercer un jour quelque fonction libérale.

« O Dieu des pauvres ! Ne permettez pas que Guil-
» laume de Paul recule devant les obstacles de sa
» pauvreté et qu'il ferme ainsi à son fils la route de
» son glorieux et magnifique avenir! Comme jadis
» vous avez poussé à la conquête morale de l'Uni-
» vers les Apôtres, qui n'avaient rien, poussez à la
» régénération de son siècle Vincent de Paul, qui
» n'a rien non plus ! Mais vous aviez déjà prévenu
» ma prière, ô Dieu des Pauvres! soyez donc béni!»
Je vois Vincent de Paul qui quitte la maison paternelle. Où va-t-il ? Il dit adieu à ses parents bien-
aimés, à ses Landes favorites, à sa houlette chérie,
au vieux chêne, témoin de ses premiers ébats : où
va-t-il? Pauvre qu'il est, c'est un mendiant de la
vérité et de la vertu, dont le contact pieux de ses
parents et la grâce de Dieu ont allumé en lui la soif
inextinguible : il va donc là où l'on est sûr de trouver toujours l'aumône de cette vérité et de cette
vertu, parce que là on ne possède ce double bien
inestimable que pour le donner. Il va frapper à la
porte d'un des couvents de la ville de Dax, à la
porte du couvent des RR. PP. Cordeliers. Devant lui
cette porte s'ouvre, comme toujours, large et joyeu-
se. Mais ne se serait-elle pas ouverte avec plus d'ex-

pansion et de tressaillement que jamais, si alors les destinées de l'Hôte nouveau, à qui elle donnait entrée, s'étaient tout-à-coup fait connaître?

Le jeune Vincent de Paul, excité par l'aiguillon de sa pauvreté native, dont le souvenir était sans doute toujours présent à sa mémoire, se livre à l'étude avec une ardeur infatigable: aussi, grâce à son application, les facultés de son intelligence d'élite se développèrent-elles avec une rapidité si merveilleuse, que le secret en transpira hors des murailles du pieux et saint asile.

M. Commet, alors avocat de la ville de Dax et Juge de Pouy, ne crut pas pouvoir mieux faire que de choisir Vincent de Paul pour précepteur de ses enfants. Et c'est dans l'exercice de ces humbles fonctions de préceptorat domestique, que le jeune instituteur, sur le conseil du père de ses élèves, se décida à entrer dans l'état ecclésiastique.

Le sacerdoce est un ministère de science et de sainteté : car il a été dit par Jésus-Christ aux premiers prêtres : Vous êtes la lumière du monde; vous êtes le sel de la terre. *Vos estis lux mundi, vos estis sal terræ.* Math. 5, 13-14. La lumière du monde par la science, le sel de la terre par la sainteté.

Vincent de Paul le sentit, comme tout homme à qui Dieu ouvre l'esprit, pour lui faire voir les choses jusqu'au fond, dans leur réalité vive. Le voilà donc qui se lance dans l'étude de la théologie, oui, de la théologie, qui nous donne le dernier mot de tout, de la Divinité, de l'homme et de la Nature, parce que cette science, descendue de Dieu, remonte à Dieu, pour se reposer en lui, après avoir parcouru tout le cercle des connaissances. Pèlerin infatigable de cette science universelle et souveraine, il va

de Toulouse à Saragosse, de Saragosse à Toulouse.
Eh ! n'est-ce pas beau que la France , qui, comme je vous l'ai déjà dit, a été appelée le Royaume,
très-chrétien , et l'Espagne , qui a reçu le glorieux
titre de la Nation Catholique par excellence , n'est-
ce pas beau que la France et l'Espagne voient Vincent de Paul venir leur demander les secrets de
Dieu , de l'Homme et de la Nature ?

Quels furent les progrès de Vincent de Paul dans
la science sacrée? Le diplôme de Bachelier en Théologie qu'il obtient à Toulouse , la chaire de Théologie , qu'il occupa dans l'Université de cette ville
savante, nous le disent assez.

Mais quels furent ses progrès dans la sainteté? Il
n'y a que Dieu qui puisse le savoir, d'une manière
certaine, parce qu'il n'y a que lui qui pénètre, avec
son œil perçant, dans ce sanctuaire profond et inson-
dable du cœur humain : *Scrutans corda et renes
Deus.*

Quoi qu'il en soit , après cette préparation lente
et mystérieuse de l'esprit et du cœur , le moment le
plus solennel de la vie de Vincent de Paul arriva.

C'était en 1600 , tout juste à la naissance du siècle de Louis XIV , il y a deux cent cinquante-cinq
ans. Mgr François Bourdeil , alors évêque de Péri-
gueux , sur les dimissoires accordés par Mgr Jean-
Jacques Du Saut , alors évêque de Dax , conféra,
cette année-là , l'ordre de la prêtrise à Vincent de
Paul , dans la chapelle de son château de St-Julien.

« Anges de la France , quels ne durent pas être
» vos sentiments de joie inexprimable, lorsque vous
» vîtes le sauveur prédestiné du Royaume , sur le-
» quel vous veillez avec tant d'amour, couché, com-
» me un simple homme , sur le pavé du sanctuaire,

» se relever bientôt après, couronné de toutes les
» gloires du sacerdoce, ayant tout-à-coup puisé dans
» la dignité du prêtre la force de régénérer votre
» France et la nôtre? Et vous eûtes raison de vous
» réjouir ainsi; car ce fut, pour le bonheur de la
» France, un des moments les plus décisifs! »

Vincent de Paul est prêtre; et prêtre, non pas à
la façon des prêtres communs et ordinaires, avec
une juridiction particulière et circonscrite, à qui par
conséquent il a été dit: « Vous irez jusque-là sauver
» des âmes et vous n'irez pas plus loin. » Mais prêtre à la façon des Apôtres, avec la mission générale
de régénérer son siècle et les siècles subséquents.
Aussi, suivez Vincent de Paul dans l'exercice de ses
fonctions sacerdotales; voyez si, à l'exemple du grand
Apôtre, ce prêtre universel, il ne se fait pas tout à
tous, sans exception, dans les divers rangs de l'ordre
moral, religieux et social: *Omnibus omnia factus sum.*
1 Cor. 9, 22.

Vous figurez-vous des paysans aux mœurs simples et patriarcales? Vincent de Paul fut, pendant
quelques années, un humble curé de campagne:
Tillh, dans notre diocèse d'Aire, Clichy, dans le
diocèse de Paris, Châtillon-les-Dombes dans le diocèse
de Lyon, goûtèrent successivement combien il était
doux de vivre sous sa houlette pastorale. De bons
habitants des champs! Ah! c'est là incontestable-
ment l'image la plus suave de la moralité, tandis
qu'il est malheureusement trop vrai que la person-
nification la plus hideuse du vice se rencontre dans
ces hommes que la société a cru devoir séparer
impitoyablement de son sein, comme des membres
gangrenés. Eh bien! Vincent de Paul fut aumônier
général des Galériens de France!

Supposez-vous des Infidèles et des Apostats! Vincent de Paul vécut quelque temps au milieu d'eux: étant allé à Marseille recueillir un modeste héritage, et s'étant embarqué, pour revenir par Narbonne à Toulouse, il fut surpris par des pirates, blessé, enchaîné, mené à Tunis, et vendu d'abord à un pêcheur, puis à un médecin, à la mort duquel on le vendit pour la troisième fois, à un renégat de Nice en Savoie. Un renégat! Voilà certes le degré le plus bas en Religion! Et voici, sans nul doute, le degré le plus haut : oui, des Religieuses, vivant ici-bas comme des Anges terrestres, n'étant encore attachées à ce monde que par un double lien d'amour, le service de Dieu et de leurs frères, y a-t-il rien au-delà? Eh bien! Vincent de Paul fut pendant quarante ans le Directeur des filles de la Visitation, établies à Paris et à St-Denis: St-François de Sales et la bienheureuse Jeanne de Chantal, qui avaient découvert en Vincent de Paul une âme sœur de leur âme, ornée de la même prudence et de la même vertu, l'avaient choisi, pour lui confier cette charge importante.

Aux deux extrémités de l'échelle sociale, qu'apercevons-nous? Le chef de l'État qui commande et le peuple qui obéit. Eh bien! Vincent de Paul, abaissant son intelligence au niveau de l'intelligence des enfants du peuple, sut, par des catéchismes familiers, nourrir cette intelligence faible et délicate du lait pur de la doctrine catholique. Des enfants du peuple remontez jusqu'aux monarques; soit qu'ils gisent sur un lit de mort où leur puissance va s'éteindre avec leur vie, soit qu'ils ne touchent pas encore à l'aurore d'un règne qui doit être couronné de prospérité et de gloire. Vincent de Paul est également

le soutien de la royauté expirante et le protecteur
de la royauté qui va naître : oui, debout près de la
couche funèbre de Louis XIII, c'est Vincent de Paul
qui fait briller à ses yeux mourants le flambeau
consolant de l'espérance chrétienne ! Oui, appelé
au Conseil de la Reine régente, c'est Vincent de
Paul qui, par la lucidité de son esprit, par la matu-
rité de ses avis, par sa fermeté dans l'exécution des
projets justes, c'est Vincent de Paul qui prépara le
règne incomparable de Louis XIV et qui prouva, par
cette préparation merveilleuse, que la meilleure de
toutes les politiques est celle qui part d'une raison
et d'une expérience, éclairées par la Religion.

Ainsi Rois et sujets, religieux et impies, bons et
méchants, le zèle universel de Vincent de Paul a
cherché à tout éclairer, à tout sanctifier.

Mais ce n'était pas assez que Vincent de Paul
répandît à torrents sur son siècle la connaissance et
l'amour divins ; il fallait qu'à l'exemple des Hommes
providentiels, dont je vous ai cité les noms en com-
mençant ce discours, il fallait qu'il travaillât à la
formation de Communautés Religieuses et à l'établissement d'Institutions, qui fussent comme autant de
réservoirs bénis, comme autant de foyers lumineux,
destinés à communiquer cette connaissance et cet
amour divins aux générations présentes et aux générations à venir.

Les siècles sont solidaires, et quand l'erreur et
le mal ont pris naissance dans un siècle, on peut
être sûr qu'ils ne s'arrêteront pas aux limites de ce
siècle fatal ; ils iront au-delà battre les esprits et les
cœurs. Il faut donc que la vérité et le bien, ces éter-
nels antagonistes de l'erreur et du mal, marchent
sans cesse à leur côté et les suivent obstinément dans

leur cours orageux. Voilà pourquoi l'homme que la Providence suscite à son heure, pour être l'un des bienfaiteurs de l'humanité, ne manque jamais de préparer l'expansion de cette vérité et de ce bien, non-seulement pour l'époque où il vit, mais encore pour les siècles qui se lèveront sur sa tombe.

Or l'Histoire est là pour nous dire si Vincent de Paul a rempli fidèlement cette partie de sa mission providentielle.

« Filles de la Providence, Filles de la Croix, » n'est-il pas vrai que si Mme de Villeneuve et Marie » Limage ont été vos fondatrices, ce n'est que sous » l'influence de Vincent de Paul? Filles Pénitentes » de la Magdeleine, Filles du Refuge, Filles de sainte » Agnès, que seriez-vous devenues, si Vincent de » Paul ne vous eût point couvertes de son ombre » tutélaire? Filles de saint Thomas, Ursulines de » Beauvais, Clarisses de l'Abbaye-Royale de Long- » champs, que ne dûtes-vous pas à la protection de » Vincent de Paul? Congrégration de sainte Gene- » viève, Mlle de Rosset et Mme de Miramion, après » vous avoir mise au jour, auraient-elles pu, sans le » concours de Vincent de Paul, vous soutenir et » prolonger votre existence? Et vous, Congrégations » de l'Union chrétienne, de la Propagation de la » Foi, des Nouvelles Catholiques, seriez-vous jamais » sorties du néant, si Vincent de Paul ne vous eût » donné la vie? »

Il est donc incontestable que c'est de Vincent de Paul que naquirent, ou du moins reçurent assistance, toutes ces congrégations religieuses, qui devaient faire rayonner en France et dans tout l'univers, sur leur siècle et sur les siècles suivants, les saintes ardeurs de la piété chrétienne.

Oui, tandis que d'un côté je vois un gémissant Jansénius, qui détourne par ses maximes rigoristes les populations catholiques de la fréquentation des sacrements; de l'autre côté, je me plais à contempler Vincent de Paul qui appelle, par l'exemple attrayant de ses communautés religieuses, les Fidèles au Tribunal de la pénitence et à la Table sainte, ces deux sources intarissables de la dévotion et de la ferveur; *In diebus peccatorum corroboravit pietatem*. Eccli. 49.

Mais ce n'est pas seulement Jansénius qui est vaincu par Vincent de Paul; ce sont encore Luther et Calvin.

Oui, tandis que Luther et Calvin, du fond de leur tombeau, dans la personne de leurs adeptes, continuent á retrancher du Dogme les points les plus essentiels, parce que ce sont ceux qui nous retiennent le plus efficacement dans la pratique réelle du Christianisme, Vincent de Paul crée des Institutions, où pas un fil ne doit être rompu de l'indissoluble tissu de la doctrine catholique, et c'est ainsi que Vincent de Paul n'est pas moins le propagateur de la vérité que de la piété pour son siècle et pour les siècles postérieurs : *Testimonium perhibuit veritati. Joan.* 5,33.

N'est-ce pas Vincent de Paul en effet, qui rétablit en France ces retraites spirituelles, où des âmes fatiguées du monde, se retirent du milieu de la dissipation et du bruit, pour s'entretenir avec Dieu, dans la paix et dans le silence?

N'est-ce pas à Vincent de Paul qu'on doit la création de ces retraites ecclésiastiques, où les prêtres viennent dans ce feu sacré de la méditation, dont parle le prophète, — *In meditatione meá exardescet ignis*, — se dégager de cette rouille des passions humaines, qui s'attache inévitablement à leur cœur, au milieu des préoccupations et des embarras de la vie sociale?

Citerai-je ces conférences ecclesiastiques où, sous le coup de la parole vive et inspirée de Vincent de Paul, se formèrent tant de prêtres éminents, parmi lesquels il faut remarquer Bossuet lui-même et les fondateurs vénérés des communautés de S¹-Sulpice et des Missions étrangères?

Et les grands séminaires! de qui date leur apparition en France? N'est-ce pas Vincent de Paul qui en suggéra l'idée à Mgr. Juste Guérin, évêque de Marseille, et au Cardinal Richelieu? Or, les grands séminaires une fois debout, le soleil de la vérité peut-il jamais manquer de luire en France? Non, la vérité est là, parce que là sont la docilité au pur enseignement de l'Eglise, le calme et le recueillement de la solitude, la persévérance dans les études, et surtout la patience dans la pratique des vertus!

A Vincent de Paul donc, comme le premier moteur de la fondation des Grands Séminaires en France, à Vincent de Paul la propagation de la vérité!

Cependant, ce ne serait là qu'une propagation indirecte, parce que ce n'est pas des Grands Séminaires que la vérité sort immédiatement, pour faire retentir sa voix au milieu des populations. Elle ne sort ainsi que de la poitrine et de la bouche des prêtres, qui parlent et qui agissent dans la grande mêlée du monde.

Vincent de Paul fonda donc une Congrégation de ces Prêtres, apôtres et prédicateurs, appelés d'abord Prêtres de la Mission, et puis Lazaristes, parce qu'ils s'établirent à Paris, au prieuré de saint Lazare.

Eh! puis-je faire l'éloge complet de saint Vincent

de Paul, sans dire quelques mots tout particuliers de cette Congrégation admirable, qui passe en faisant le bien, sans ostentation et sans bruit? Elle a toujours aimé, comme son modeste fondateur, à se couvrir du voile de l'humilité. Mais n'importe, toujours florissante et douée d'une inépuisable fécondité, elle a étendu ses rameaux dans toute la France et au-delà, à Tunis, à Alger, en Écosse, en Irlande, aux Iles Hébrides, en Italie, en Pologne, en Savoie, en Piémont, aux Indes, dans l'Ile de Madagascar, en Amérique, en Suède, en Perse. Depuis nos plus obscurs hameaux jusqu'aux plages les plus lointaines, où n'a pas retenti la voix de ces modernes Apôtres ? Tous les échos du monde se sont plu à redire les accents de cette voix simple et onctueuse, comme celle du Divin Maître: *In omnem terram exivit sonus eorum. Psal,* 18, 5. Et si l'univers entier a ressenti l'heureuse influence exercée par les Lazaristes, n'est-il pas naturel que la France ait ressenti plus que les autres nations cette influence régénératrice?

Chose remarquable! Les Lazaristes, après avoir trouvé parmi nous leur berceau, y ont toujours trouvé la double hospitalité du sol et du cœur. Eh! pour quoi? Ne serait-ce pas parce que dans notre patrie,- si les âmes parfois ne veulent pas qu'on les convertisse en leur faisant voir la vérité, les corps du moins veulent toujours qu'on leur fasse du bien, en subvenant à leurs besoins et en remédiant à leurs souffrances et à leurs misères?

Eh! la grande figure de Vincent de Paul plane au-dessus de la France, non-seulement comme la figure du bienfaiteur des âmes ; mais encore, mais surtout comme la figure du bienfaiteur des corps!

Et c'est des œuvres de Charité, opérées par Vincent de Paul envers les corps, qu'il me reste à vous entretenir dans la seconde partie de ce discours.

Je vais le faire, sans me sentir le besoin de vous demander pardon de sa longueur, parce que ce n'est pas à moi que vous devrez vous en prendre, mais à la fécondité inépuisable de la Charité de Vincent de Paul.

II.

L'époque de Vincent de Paul fut une époque de crise pour les corps non moins que pour les âmes.

La prospérité matérielle des peuples a ses racines profondes dans l'ordre social, dans la tempérance et la moralité, à cause de l'union intime et foncière établie par le Créateur lui-même entre la chair et l'esprit. A l'innocence primitive fut attachée, comme un précieux privilége, l'immortalité; et la mort, avec ce lamentable cortége de maux, qui ne sont qu'un long acheminement vers cette crise suprême, la mort n'est entrée dans le monde que par le péché, ce fruit empoisonné de la volonté libre de l'homme; *per peccatum mors. Rom.* 5, 12. Depuis lors, c'est toujours la même loi : chaque fois que la société se trouble et s'agite convulsivement dans le désordre, chaque fois que les mauvais instincts des sens se déchaînent et triomphent, chaque fois que les vices pullulent et lèvent audacieusement la tête, on doit s'attendre à voir les corps aux abois..

Ils y étaient quand Vincent de Paul vint pour les secourir et les soulager.

L'heure de l'agonie de la féodalité avait sonné: oui, le pouvoir Seigneurial, fortement ébranlé par la main de fer de Richelieu, allait être frappé à mort par la royauté absolue de Louis XIV. Et les grands Seigneurs, sentant la fin prochaine de leur règne, se cramponnaient aux derniers restes de leur fortune et de leur autorité, pareils à ces malades désespérés qui, s'attachent obstinément au linceul funèbre, unique objet que puisse encore saisir leur main expirante.

Il est facile de deviner qu'au milieu de ces angoisses suprêmes de la Grandeur seigneuriale, le corps des pauvres et des petits dut voir s'amoindrir encore sa part déjà si mince et si précaire des biens de ce monde. Ah ! qui pourrait dire la misère des peuples au milieu des derniers efforts de la féodalité agonisante !

Et si vous joignez aux envahissements des hommes, les fléaux de Dieu, en punition des désordres des hérésies contemporaines, et les maux, qui naissent fatalement des vices communs et toujours subsistants de la société en général, quelle idée, mes Frères, ne pouvez-vous pas vous faire des souffrances des corps à cette époque ?

Les corps en étaient là pourtant, lorsque parut Vincent de Paul, providentiellement destiné à venir à leur secours, comme il devait venir au secours des âmes.

Le poète latin a dit :
Haud ignara mali miseris succurrere disco. Virg.
Quand on souffrit soi-même on comprend ceux qui souffrent.

La maxime du poète est éminemment vraie.

Oui, quand on a vécu dans la pauvreté on sait mieux compatir à ceux qui sont dans l'indigence et dans le besoin. Ce fut le sort prédestiné de Vincent de Paul.

Ses parents, je vous l'ai déjà dit, étaient de simples paysans, qui ne trouvaient leur subsistance que dans les efforts de leurs bras et dans la sueur de leur ront. Et vous vous souvenez de cette houlette de berger, que le père de Vincent de Paul mit dans la main de son enfant, pour qu'il fournît à la vie commune sa part respective de travail. Vincent de Paul était donc né dans une condition propre à lui faire comprendre les afflictions et les souffrances de ses contemporains.

Voilà pourquoi, élevé ainsi à l'école de la pauvreté, Vincent de Paul commença de si bonne heure l'exercice de la charité, qu'on peut bien dire naïvement avec un des historiens de sa vie, que la compassion était sortie avec lui du sein de sa mère, et qu'avec lui elle avait grandi depuis son enfance: car, à peine âgé de douze ans, il donnait déjà aux pauvres une partie de la farine qu'on l'envoyait chercher pour l'entretien de la petite famille. Un jour, en ayant rencontré un qui lui parut dans une indigence exceptionnelle, il glissa dans sa main les trente sous que renfermait sa modeste bourse. Trente sous! Somme modique en elle-même, mais considérable pour un enfant, qui n'avait que ce seul trésor. Trente sous! Je me rappelle tout-à-coup ces trente pièces d'argent, pour lesquelles Judas vendit son maître. Vincent de Paul, lui, avec ses trente sous, acheta cette charité, qui en a fait un des plus grands saints des temps modernes, sinon le plus grand!

Et cette charité, qui fleurissait ainsi au cœur de Vincent de Paul, à l'aurore de la vie, Dieu, en la fécondant par la rosée de sa grâce et par les rayons de son amour, se plut à lui faire porter, pendant tous le cours de son existence, des fruits merveilleux.

Représentez-vous, mes Frères, Vincent de Paul au milieu de ses ouailles, alors que la Providence l'attacha pour un moment à l'exercice des fonctions curiales. « O Paroisses! qui eûtes le bonheur d'être

» confiées à la sollicitude pastorale de Vincent de
» Paul, dites-nous si, pendant qu'il resta au milieu
» de vous, il y eut une misère corporelle qu'il
» n'essaya point de soulager? Quels sont les mem-
» bres nus qu'il ne couvrit pas? Quelle est la bou-
» che affamée où il ne jeta pas un morceau de
» pain? Eh! comment n'aurait-il pas vêtu la nudité
» de ses paroissiens indigents? Comment n'aurait-il
» pas rassasié leur faim, lui qui étendait sa vigi-
» lance et ses soins à tous ses frères malheureux,
» n'importe le point de la France où gémît leur
» misère?

» Villages de Palaiseau et de Génévilliers, votre
» mémoire reconnaissante a sans doute gardé le
» souvenir du dévouement admirable avec lequel
» Vincent de Paul vous apparut comme l'Ange de
» la délivrance et du salut, luttant victorieusement
» contre les horreurs de l'inondation et de l'épidé-
» mie, qui décimaient vos infortunés habitants?

» Et vous, Picardie, Lorraine, Artois, n'est-ce
» pas, grâce à la charité de Vincent de Paul,
» que vous vîtes la guerre et la famine, née de ces
» discordes intestines, s'enfuir de vos provinces dé-
» solées?

» Vous aussi que la société avait relégués dans
» l'obscurité, dans l'enfer des bagnes, misérables
» galériens, auriez-vous pensé qu'au milieu de votre
» délaissement et de vos angoisses, on pouvait en-
» core faire briller une lueur d'espérance et de fra-
» ternité. Ah! dans la poitrine de Vincent de Paul
» bat un cœur plus large que tous vos forfaits et
» toutes vos misères! Le voilà qui fait ouvrir devant
» vous le magnifique Hôpital de la Porte St-Bernard!
» Le voilà qui, mendiant pour vous les largesses de
» la duchesse d'Aiguillon et du cardinal Richelieu,

» vous fait bâtir enfin , sous le patronage de Louis
» XIV, l'Hôpital Général de Marseille ! »

N'oublions pas ces Anglais et ces Écossais qui, aimant mieux perdre leur patrie que leur foi, prirent avec un cœur navré mais invincible, le chemin de l'exil. Et quand ils eurent posé le pied sur la terre de France, qui leur ouvrit un asile? Qui leur rompit là ce morceau de pain, qu'ils ne pouvaient plus acheter sur la terre natale qu'au prix d'une apostasie? Qui, mes Frères? Vincent de Paul! Eh! c'est là un genre de charité plus admirable que celui dont nous avons été témoins jusqu'à présent. Oui, s'il est beau de secourir des compatriotes, n'est-il pas encore plus beau de secourir des étrangers et même des rivaux?

Mais faut-il s'étonner de tous ces prodiges de dévouement , quand on songe à ce trait mémorable de la charité de Vincent de Paul envers un prisonnier?

Ce malheureux enfant de la captivité regardait en vain à travers les barreaux immobiles et glacés de son cachot ; ni le gai rayon du soleil levant, ni la fraîche brise du matin n'apportaient à ses yeux et à son cœur l'espoir tardif de la délivrance ; et il se mourait du désir de rentrer enfin dans ses foyers et de revoir sa famille. Vincent de Paul, touché de sa douleur et de ses soupirs, achète sa liberté, et c'est lui-même qu'il donne pour rançon. « O Philanthropie hu-
» maine ! Qu'en dis-tu ? Je le sais ; tu as un cœur
» noble et généreux. Il en sort souvent d'émouvantes
» paroles et de magnifiques promesses ; parfois mê-
» me il en sort de l'argent et des larmes ! Oui, tu
» fais l'aumône et tu pleures avec ceux qui pleu-
» rent ! Mais le don de soi-même, jusqu'au sacri-
» fice de sa liberté, qui est plus que la vie, plus
» que tout au monde, mais le don de soi-même,

» ah ! tu l'avoues ingénument, tu n'y es pas encore
» arrivée ! Eh bien! ce que tu te reconnais impuis-
» sante à faire, la charité chrétienne le fait tout
» bonnement! Regarde ! Regarde Vincent de Paul;
» si les fers du prisonnier pèsent sur ses épaules,
» c'est qu'il s'est donné lui-même ! c'est qu'il a
» donné sa liberté ! O le sublime, ô l'aimable cap-
» tif! Que je voudrais tenir en ce moment dans mes
» mains ces chaînes volontaires ! Comme j'y colle-
» rais mes lèvres frémissantes de respect ! comme
» je les baiserais avec amour ! »

Mes Frères, quand un homme est capable de se
donner ainsi lui-même, ce n'est plus une cité, ce
n'est plus un royaume qu'il lui faut pour théâtre
de sa charité.

Il lui faut l'univers entier.

Et il y avait sous le ciel, en un point du globe,
qui s'ouvre par terre et par mer à tous les peuples
du monde, il y avait une ville, sœur de Ninive et
de Babylone, sœur d'Athènes et de Rome, une ville
où toutes les nations, une fois ou une autre, viennent, ne fût-ce qu'en passant, demander l'hospitalité.

Cette ville universelle, vous l'avez nommée, c'est
Paris !

Paris! Paris! centre de luxe éblouissant et d'indigence inexprimable !

Paris! Paris! foyer de jouissances inouïes et d'incalculables souffrances !

Oui, dans Paris, à côté des corps, qui brillent
sous les livrées de l'opulence, combien de corps qui
végètent sous les haillons de la misère ! A côté des
corps qui nagent dans la joie et dans les plaisirs,

combien de corps qui n'ont pour leur part que les privations et les larmes !

C'est le corps du nouveau-né, qui gît abandonné sur le pavé de la rue, le long de la voie publique !

C'est le corps de l'ouvrier infirme qui, ne pouvant plus puiser dans son travail accoutumé sa subsistance et son entretien, endure les lentes tortures de la faim et du froid, lui et sa pauvre famille !

C'est le corps du vieillard nécessiteux et cassé, qui n'a plus de quoi soutenir ses forces défaillantes et lutter contre les ravages des ans !

C'est le corps de l'adolescent et de l'homme mûr, qui s'étiole et languit, sous le poids des chaînes, dans l'atmosphère humide et infecte des prisons !

C'est le corps du débauché qui a miné rapidement sa jeunesse, et qui, bien longtemps avant l'âge, s'en va d'un pied méprisé heurter contre la pierre du tombeau !

Eh bien ! Vincent de Paul ne se rebute pas. Il sait trouver dans son infatigable et immense dévouement, un soulagement et un remède à tous ces corps, affligés, chacun pour sa part, de quelqu'une de ces misères sans nombre de l'Humanité.

Témoin Bicêtre, la Pitié, la Salpétrière, l'Hospice du Faubourg Saint-Antoine, l'Hospice du Saint-Nom de Jésus !

Je vous défie de me citer une des misères du corps qu'on ne tâche d'y soulager !

« Et vous tous, qui passez dans la grande ville,
» voyageurs venus des quatre vents du ciel, arrê-
» tez-vous devant ces monuments ! sachez que tous
» ces gigantesques édifices ont été bâtis par les soins
» d'un seul homme, oui, d'un pauvre prêtre, parti
» de la chaumière d'un paysan, comme Jésus de
» l'étable de Bethléem, pour arriver à la hauteur

» incommensurable du sacerdoce! Et dans ce prêtre,
» reconnaissez le héros de la charité chrétienne, et
» tombez à genoux devant notre immortel, notre
» incomparable Vincent de Paul! ».

Oh! mes Frères que je suis fier de vous montrer notre Vincent de Paul versant ainsi les flots de sa charité inépuisable sur les villes et sur les campagnes, sur les enfants et sur les vieillards, sur les compatriotes et sur les étrangers, en un mot, sur out corps, dont il devine les besoins et les souffrances!

Mais afin de remplir complètement sa mission providentielle, ce n'était pas assez que Vincent de Paul vînt au secours du corps de ses contemporains; il fallait encore, comme je vous l'ai fait remarquer pour les âmes, dans la première partie de ce discours, il fallait que les effets de sa charité s'étendissent au corps des générations à venir.

Cette goutte de sang, qu'on appelle la vie matérielle, coule incessamment à travers le temps et l'espace, depuis l'heure solennelle où il plut à Dieu de créer le premier homme et la première femme dans le Paradis terrestre. Et de même que les eaux d'un fleuve s'imprègnent immanquablement des qualités des terrains qu'elles traversent dans leur cours, de même cette goutte de sang se ressent fatalement de l'état des corps par où elle passe. Ces corps sont-ils purs, elle est saine et féconde, et la santé des peuples est florissante : *Vita carnium sanitas cordis.* Prov. 14, 30. Ces corps au contraire sont-ils corrompus et gâtés, elle est épuisée et stérile, et la vie des peuples penche vers son déclin: *super peccatores septuplum : ad hœc mors... oppressiones, fames... et flagella.*

Mais la Providence ne veut pas plus la mort

matérielle des peuples que leur mort morale. Et voilà pourquoi, quand elle appelle un homme à part pour lui faire accomplir ses desseins de miséricorde sur les nations, elle a soin de lui inspirer les moyens de faire du bien aux corps à venir en en faisant aux corps de ses contemporains.

Vincent de Paul, essentiellement homme de la Providence, fut fidèle à cette partie de sa mission.

Et sa prudence et son tact exquis lui firent choisir, pour continuer dans la suite des siècles ses œuvres de charité à l'égard des corps, vous le devinez sans doute, mes Frères, oui, des femmes ! C'est que, si l'homme l'emporte sur la femme par l'intelligence, il est incontestable que la femme est supérieure à l'homme par les sentiments du cœur. Et n'est-ce pas du cœur qu'il faut, pour compatir aux maux de l'humanité ? Or le cœur, pour que la sensibilité s'y développe, a, comme je vous l'ai déjà dit, besoin de souffrir. Et les femmes n'ont-elles pas la plus large part dans les peines de la vie ? Aussi les dirait-on toutes pétries de compassion et de pitié.

Vincent de Paul le savait, et ce sont des femmes qu'il s'associa, pour perpétuer ses œuvres de charité corporelle.

« Dames de l'Hôtel-Dieu, confréries de bienfai-
» sance, établies à la ville et à la campagne, à qui
» dûtes-vous votre organisation, si ce n'est à Vin-
» cent de Paul ?

» Et vous, Filles de la Charité, à la tête desquelles
» je vois marcher, comme votre modèle et votre
» Ange conducteur, l'immortelle Mlle Le Gras,
» n'êtes-vous pas appelées les Filles de Vincent de
» Paul ? Oui, c'est Vincent de Paul qui créa votre
» Congrégation, et en la créant, il a donné à la terre

» un des plus ravissants, un des plus touchants
» spectacles que puisse rêver l'esprit de l'homme!
» Mais, dans l'impuissance de faire dignement
» votre éloge, je vais laisser parler à ma place deux
» de vos plus justes admirateurs, pris, l'un parmi
» les plus fameux impies, et l'autre parmi nos évê-
» ques les plus distingués. »

Peut-être, s'écrie le trop célèbre Voltaire, dans un de ses bons moments, hélas! trop rares, de rai-son et de foi, peut-être n'est-il rien de plus grand sur la terre que le sacrifice que fait un sexe délicat, de la beauté, de la jeunesse, et souvent de la haute naissance, pour soulager dans les Hôpitaux ce ramas de toutes les misères humaines, dont la vue est si humiliante pour l'orgueil et si révoltante pour notre délicatesse! *Essai sur les mœurs. Chap.* 139.

Non, dit Mgr Gerbet, non, on ne peut pas les voir, ces incomparables Sœurs de la Charité! on ne peut pas les voir parcourir, comme des Anges terrestres, les salles lugubres et fétides des Hôpitaux, sans éprouver je ne sais quel sentiment indicible de res-pect et d'admiration! Oh! quand on songe qu'au lieu de cette vie douce et brillante, qu'un seul mot leur rendrait, au lieu de cette famille qui les rap-pelle et qui leur tend les bras, il leur faut panser ces plaies étrangères, entendre ce râle des agoni-sants, ensevelir ces cadavres inconnus, non pas une semaine, non pas un mois seulement, mais trente ans, mais toute la vie, dites, dites, mes Frères, peut-on s'empêcher de s'écrier : O miracle de la Charité chrétienne!

Et voilà bientôt trois siècles que ce miracle dure. Oui, aujourd'hui, comme aux premiers jours de l'établissement de leur Congrégation, les Filles de la Charité sont là debout, fidèles à leur ministère de dévouement et de sacrifices. Toujours elles sont les bonnes mères du petit orphelin abandonné, les douces consolatrices des affligés, les vigilantes infirmières des malades !

Et au moment où je vous parle, mon cœur de Français, saignant au souvenir des souffrances de tant d'autres Français comme moi, se transporte, sur les ailes de l'amour fraternel, jusqu'au théâtre de la guerre actuelle. Eh ! que vois-je ? Quels sont ces Anges, qui, penchés sur le soldat blessé, soutiennent sa tête défaillante et murmurent à son oreille des paroles d'encouragement et d'espoir ? Sur la terre étrangère, qui lui rappelle la patrie absente et fait apparaître à ses regards mourants comme une vision radieuse d'une sœur et d'une mère ! Pourquoi le demander ? Tout l'univers le sait à cette heure : ce sont les Filles de la Charité ! c'est l'héroïsme du dévouement à côté de l'héroïsme du courage ! Aussi l'Europe qui, les yeux tournés vers la Crimée, attend à chaque minute avec anxiété le dénouement de ce drame sanglant et solennel, où se jouent ses destinées, l'Europe n'admire-t-elle pas moins la Fille de Charité, qui donne ses soins, sa pitié et son cœur pour le soulagement de ses frères, que le soldat, qui donne pour sa patrie sa jeunesse, son sang et sa vie.

Oui, à l'heure qu'il est, un des plus beaux spectacles du monde, c'est le soldat français qui tombe sur le champ de bataille, et la Fille de la Charité qui s'incline vers lui pour l'inonder de ses soins, de ses consolations et de ses prières !

Aussi Vincent de Paul, n'eut-il établi que la Congrégation des Filles de la Charité, mériterait-il d'être compté parmi les bienfaiteurs les plus illustres de l'humanité. Eh ! quand on réfléchit que ce n'est là qu'une de ses institutions sans nombre, par lesquelles il a cherché à faire du bien à ses frères !

Il est vrai que c'est sans contredit la plus admirable et la plus touchante. Et je suis heureux que ce soit la dernière dont j'ai eu à parler, parce que j'ai pu la poser sur le front de Vincent de Paul comme la plus belle couronne de sa vie. De sa vie ! Ah ! pourquoi cette vie n'a-t-elle pas été immortelle ? En vérité, il y a des hommes qui ne devraient jamais mourir ! Leur séjour en ce monde est plein de tant d'édification et d'utilité pour leurs semblables, qu'ils devraient y rester toujours ! Mais ce monde n'est qu'un lieu de passage et d'épreuve ; au ciel est la patrie ; au ciel est la récompense !

L'heureux moment d'aller recevoir cette récompense immortelle, due à ses innombrables bienfaits, arriva donc pour Vincent de Paul.

Et comme si son âme n'avait pas été assez épurée par les sacrifices incalculables de sa charité, Jésus-Christ lui fit la grâce signalée de passer par le creuset des douleurs et des infirmités humaines. Le corps que cette belle âme habitait, fut, pendant plus de quarante ans, en proie à des souffrances atroces, qui, suivant le vœu de l'apôtre Saint-Paul, lui firent prendre part à la passion du Divin Sauveur : *Adimpleo ea quœ desunt passionum Christi in carne meá.*

Aussi l'âme de Vincent de Paul, lorsqu'elle se détacha de son corps, put-elle se présenter sans crainte devant le tribunal de Jésus-Christ, son souverain juge, enrichie qu'elle était des mérites de la charité et de la mortification chrétienne.

C'était en 1660, il y a 195 ans : c'est ce jour-là que l'âme de Vincent de Paul s'envola dans le ciel et laissa sur la terre son corps inanimé. Alors le ciel recouvra un frère bien-aimé et la terre perdit le meilleur des pères. Aussi y eut-il dans le ciel une grande joie et sur la terre une grande tristesse.

Non pas que la terre se soit bornée à pleurer sur les restes de Vincent de Paul, que la mort lui léguait. Non, aux regrets et aux larmes, la terre a fait succéder les témoignages de l'admiration et de la reconnaissance. L'Église Catholique a fait rayonner autour de Vincent de Paul l'auréole lumineuse de la sainteté ; elle a enrichi d'or, d'argent, de pierreries, de rares étoffes, ses ossements vénérés ; elle les a exposés avec pompe sur l'autel, et à genoux devant eux, elle ne cesse pas de leur rendre le plus bel hommage auquel puisse aspirer l'ambition la plus démesurée, l'hommage public de la prière et de la Religion !

Ce n'est pas tout : la Philosophie, à une époque insensée, où elle se mêla de faire des Dieux et de parodier notre Ciel, la Philosophie elle-même jugea Vincent de Paul digne de son culte et lui décerna les honneurs de son immortalité. Oui, un jour, elle ouvrit avec fracas les lourdes portes de son Panthéon, et, au milieu d'une pompe solennelle, elle installa son nouvel Elu à côté de ses deux Saints privilégiés, elle installa Vincent de Paul à côté de Voltaire et de Jean-Jacques Rousseau !

N'importe ! Dès ce moment, Vincent de Paul n'en est pas moins resté le saint le plus aimé, le plus populaire ; car il est canonisé à la fois par l'Église et par la Philosophie.

Ainsi couronné de ce double suffrage, le front étincelant de cette double auréole, où le ciel et la terre croisent fraternellement leurs rayons, Vincent de Paul traversera les siècles, et il les traverse.

Son corps même n'est pas perdu pour nous ; nous

conservons et nous vénérons ses précieuses reliques.

Et son esprit ne nous a jamais quittés ; il vit toujours au milieu de nous !

Il vit dans cette Congrégation des Lazaristes, qui ne cesse d'édifier le monde par la modération de ses principes si sages, et par l'exemple de ses vertus si modestes !

Il vit dans ces Filles de la Charité, qui continuent à étonner la France, l'Europe et l'univers entier par le miracle permanent d'une piété inaltérable et d'un dévouement sans bornes !

Il vit dans ces Conférences enrôlées sous son nom, qui, au milieu de notre société moderne, font, sous le voile officieux de l'habit laïque, ce que les Lazaristes et les Filles de la Charité ne pourraient pas faire !

Oui, il vit en vous, mes amis et mes Frères, membres de cette Conférence, établie à Bayonne, il vit en vous, votre présence ici me l'atteste !

Et si, à certaines heures, cet esprit semble s'assoupir, c'est que, de nos jours, la difficulté de faire accepter le bien est si grande ! Il y a dans le pauvre et dans l'ouvrier tant d'exigences, et hélas ! trop souvent tant d'ingratitude !

Mais ne vous découragez jamais !

Imitez la longanimité de celui dont Vincent de Paul aimait tant à contempler l'image, de celui qui a été patient jusqu'à la mort, et jusqu'à la mort de la Croix.

Mais que dis-je, jusqu'à la mort !

Ici le souvenir de nos Frères qui meurent là-bas, en Crimée, revient encore à mon cœur.

Ceux-là donnent généreusement leur sang pour la civilisation du monde, pour la gloire de la religion et pour l'honneur de la patrie !

Et vous, membres de la Conférence de B
que donnerez vous ?

Ecoutez : ce n'est pas du sang que Jésu
vous demande ! ou plutôt c'est un sang plus
à répandre que le sang du corps.

Le sang du corps ! on le jette, avec le
dédain d'un courage qui ne recule jamais. Le s
donné, l'ennemi est en face, on se rue sur lui
enivré par l'odeur de la poudre et l'enthousi
combat ; une balle arrive, en sifflant, on to
sang du corps coule, on meurt : et tout est d

Mais le sang de l'âme ! Ah ! celui-là ne
pas si facilement ; car le sang de l'âme, c'es
rité ! Et la charité, je l'ai dit tout-à-l'heure, l
n'a trop souvent devant elle que l'œil soup
du pauvre et la lèvre grondeuse de l'ouvrier !
gratitude et des rebuts, voilà son champ de

Eh bien ! tant mieux pour vous ! Puisque
là les combats de la charité, votre immola
plus longue, votre martyre sera plus mérito

Courage donc ! Pratiquez cette charité, sans
à travers tous les déboires, à travers tous
comptes ! Pardonnez à vos frères malheureux
ils méconnaissent le bien que vous leur pr
Pardonnez-leur ! car ils ne savent ce qu'ils f
infortunés ! Il est si aisé de s'exaspérer, c
misère serre le cœur de son poignet de fer !
Pratiquez la charité quand même, et un j
irez dans le ciel recevoir auprès de votre b
patron, auprès de Vincent de Paul, la réc
de cette vertu qui ne meurt jamais : *Chari*
quam excidit. 1 Cor. 13, 8.